植物里的中国传统文化

茶

黄小衡 / 文
逍遥王子
文化传媒 / 图

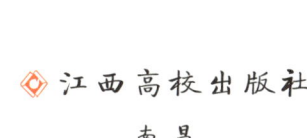

江西高校出版社

南昌

南方的大山里生长着许多树木。它们有的高、有的矮，有的粗、有的细，一起组成了茂密的森林。

在快到山顶的地方，生长着几棵高大的茶树。现在正是春天，大茶树上长满了新叶，像披了一件嫩绿的衣裳。在大茶树的旁边，生长着一棵小小的茶树，它细细的枝干上才长出了几片嫩绿的叶子。小茶树是大茶树的孩子。

茶树妈妈好高呀！小茶树把脖子都仰疼了，才能看到妈妈。

茶树妈妈的叶子好多呀，层层叠叠的，像一把绿色的大伞。

茶树妈妈的花儿真好看，粉红粉红的，像一团团艳丽的云霞。

小茶树很羡慕妈妈。什么时候才能长成妈妈的样子呢？小茶树着急地往上挺拔着细小的身姿，努力使自己显得高一点儿。

一个热辣辣的大夏天,一队蚂蚁顺着茶树的大树干往上爬。小蚂蚁们流着汗,可一刻也不停歇。

"喂!小蚂蚁,你们爬到我妈妈身上干什么呀?"小茶树发出沙沙的声响。

小蚂蚁看到了旁边的小茶树,大声说:"我们的蚁王生病了。她体胖怕热,太阳晒得她头晕。"

"螳螂大夫说,这棵老茶树上的叶子可以清热解暑,我们打算采摘回去,给女王做茶汤喝。"蚂蚁队长说。

"可是茶树这么高!爬上去都快到天上去了。"最小的蚂蚁又累又怕。

"小蚂蚁,我也是一棵茶树,你们到我的身上来取叶子吧。"小茶树大方地邀请道。

小蚂蚁们高兴极了,他们爬到小茶树身上,摘取了嫩绿的茶叶,然后抬着茶叶,告别小茶树回家去了。

小茶树也很高兴,"看来个子矮一样可以帮到朋友们。"

淅淅沙沙,下雨啦!雨水滴答滴答打在叶子上,声音好听极了!
一条毛毛虫慌张地拱动肥胖的身体,想要爬到树叶下面去躲雨。
小茶树急忙伸过去一枝树叶替毛毛虫遮挡雨水。

11

"谢谢你,好心的小茶树!"毛毛虫躲在树叶下面,一边躲雨一边忙着吐丝,把自己胖胖的身体用丝线包裹起来。

"喂,毛毛虫,你也太小心了吧?为了躲雨就把自己整个儿包起来了。"小茶树觉得很好笑,咯咯咯地笑起来,抖落下许多雨水。

天晴了,太阳出来了。森林里充满了湿润而温热的气息。

高大的树木都舒展着枝叶,尽情享受着阳光的沐浴。

小茶树的个子太矮了,她几乎照不到太阳。她突然有点儿讨厌起妈妈来。都怪妈妈个子高,挡住了我的阳光,小茶树独自生闷气,嫩绿的树叶也卷曲起来。

"哎呀，不好了，小茶树，你好像生病了。"过路的小蜜蜂嗡嗡嗡地叫喊着，又嗡嗡嗡地飞到茶树顶上，采集花粉去了。

"妈妈，妈妈，我浑身难受极了。"小茶树轻轻挥动枝叶，发出微弱的沙沙声，向茶树妈妈求救。

"小茶树，你怎么了？"茶树妈妈发出焦急的声音。她看到小茶树上的叶子一片片卷了起来，整个身子都无精打采。

茶树妈妈一边安慰小茶树,一边使劲挥动树梢,在风中发出哗啦哗啦的巨大声响。茶树妈妈发出的信号很快呼唤来了啄木鸟医生,茶树妈妈把小茶树的病情告诉了啄木鸟医生。

啄木鸟医生用尖尖的大嘴仔细地检查，她发现了躲在茶叶背面大口吃叶子的虫子，还有密密麻麻的虫卵。啄木鸟医生经验丰富，她告诉小茶树和茶树妈妈，"这些是茶卷叶蛾，它们是茶树上的一种常见虫害，你们不必害怕，我马上去找它的天敌——赤眼蜂来帮忙。"啄木鸟医生说完，急冲冲地飞走了。

嗡嗡嗡，嗡嗡嗡，一队赤眼蜂飞来了。它们长着大大的红眼睛，细长的身子。赤眼蜂抓住一条茶卷叶蛾，当点心美美吃掉了。赤眼蜂又把尾部的产卵器扎进茶卷叶蛾的卵里，茶卷叶蛾的卵就成了赤眼蜂宝宝的营养液体面包了。

小茶树的病好了。她的叶子又变得绿油油的，个子也长高了一些，不过比起茶树妈妈来还是差很远呢。

现在的小茶树一点儿也不着急了。因为茶树爷爷告诉她，茶树家族的年龄都很长。茶树爷爷已经三百岁了，茶树妈妈也有一百岁了。小茶树才三岁呢。她有很多时光来慢慢长大。

看到鸟儿们自由地飞来飞去。小茶树好羡慕呀。她问妈妈:"妈妈,我们为什么不能像鸟儿一样飞呢?"

"因为我们没有翅膀呀。"妈妈回答。

看到人们灵巧地走来走去,小茶树好羡慕呀。她问妈妈:"妈妈,我们为什么不能像人一样走呢?"

"因为我们没有脚呀。"妈妈回答。

"我们没有翅膀,也没有脚,哪儿也去不了,做一棵茶树可真没意思呀。"小茶树耷拉着枝条。

"可是我们有根,有叶,有花,还有果。"妈妈安慰小茶树。

"这些东西又不能带我去远方,有什么用?!"小茶树依然不开心。

哗啦啦,哗啦啦,茶树妈妈舞动枝叶,发出阵阵爽朗的笑声,"孩子,总有一天,你会发现,这些东西会帮助你走得很远,飞得很高。"

25

谷雨节气,一阵淅淅沥沥的小雨后,茶树上长满了新绿的嫩芽。人们来到山里,爬上高高的茶树,采摘下嫩芽。

这些嫩芽经过人们的炒制后,变成了茶叶,运送到几千里之外的地方。

小茶树想象着自己也随着那些茶叶去到了很远很远的地方，见到了很多很多的人。

"我终于明白妈妈的话了！我们身上的叶子、果子和花儿，就是翅膀，可以去到很远很远的地方。"

小茶树低头看到不远处，一棵枯萎锯掉的茶树桩周围长满了茶树菇。"也许明天就有村里的孩子来采摘这些茶树菇，然后带回家做成美味呢。"

"原来我们茶树可以为大家做那么多的事情。"小茶树为自己是一棵茶树而自豪起来。

"小茶树，你好呀！"一个声音细细地传来。

小茶树四处寻找，也没有找到这位说话的朋友。

一只美丽的蝴蝶轻轻停落在小茶树身上，"嗨！小茶树，你不认识我了吗？"

小茶树摇摇头，她完全不记得这位美丽的朋友。

"嘻嘻，我就是在你身上躲雨的毛毛虫呀！"蝴蝶扇动美丽的翅膀。

"啊！原来是你呀，毛毛虫。你怎么变成了漂亮的蝴蝶？还长出了翅膀？！"小茶树又惊又喜。

"长大，有很多种样子。"蝴蝶飞走了。小茶树站在原地，但是她一点儿也不难过了，她知道，她也会长大，用茶树的方式。她每天都在努力地生长着。

茶树文化拾趣

中国人与茶的历史已经有五六千年了,最早可以追溯到上古时期的神农。神农尝百草,中了72种毒,吃了茶叶才解毒。

茶诗

古人与茶的感情真是深厚,光写茶的诗词曲赋就有两万多首。

《种茶》/清·闵钧/闲将茶课话山家,种得新株待茁芽。为要栽培根祇固,故园锄破古烟霞。

《咏茗》/明·佚名/雾锁千树茶,云开万壑葱。香飘十里外,味酽一杯中。

《茶诗》/唐·郑愚/嫩芽香且灵,吾谓草中英。夜臼和烟捣,寒炉对雪烹。惟忧碧粉散,常见绿花生。最是堪珍重,能令睡思清。

茶书

古人不但喜欢饮茶还给茶著书，这些书不但真实地记录了茶叶发展的历程，还促成了我国茶道、茶礼、茶艺、茶俗等传统文化的形成和演化。

最早的茶书是唐代的陆羽写的《茶经》，书中全面记载了茶叶生产的历史、源流、现状、生产技术以及饮茶技艺、茶道原理等，被称为"茶的百科全书"，陆羽也被后人尊为"茶圣"。

制茶

新鲜的茶叶味道苦涩，很少有人直接当茶饮，也不方便保存。采摘下的茶叶一般都会经过烘焙或者发酵等工艺，制作成各种口味的茶，供人们饮用。

喝茶

"开门七件事，柴米油盐酱醋茶。"喝茶已经融入中国人的日常生活中。招待客人，首先要奉上一杯香茶。喝茶也沉淀出茶文化和修行的茶禅。

茶树浑身都是宝：茶叶、茶花、茶果、茶花粉，每一处都是可供人们使用的。

茶树的嫩芽用来制作茶叶。茶花可以酿酒和制作花茶饮料。茶花粉营养丰富，气味香甜，被誉为"花粉之王"。茶籽可以压榨制作成茶油。就连茶树的枯杆也可以用来培植美味的茶树菇。

种茶

原始的茶树所产的茶叶已经远远不能满足人们的饮茶需求了。我国的南方地区有着大片大片的茶园，茶农们对茶树进行栽培。现在大部分的茶叶都采摘自人工栽培的茶树。

图书在版编目（CIP）数据

植物里的中国传统文化. 茶 / 黄小衡文；逍遥王子文焕传媒图. -- 南昌：江西高校出版社，2024.1（2025.2重印）
ISBN 978-7-5762-4445-8

Ⅰ.①植… Ⅱ.①黄… ②逍… Ⅲ.①中华文化－儿童读物 Ⅳ.①K203-49

中国国家版本馆CIP数据核字(2024)第000466号

植物里的中国传统文化：茶
ZHIWU LI DE ZHONGGUO CHUANTONG WENHUA CHA

策划编辑	袁幸园　责任编辑　陈信男　袁幸园
装帧设计	龙洁平　责任印制　张　明

出版发行	江西高校出版社
社　　址	江西省南昌市洪都北大道96号
邮政编码	330046
读者热线	010-64460237
销售电话	010-64461648
网　　址	www.juacp.com
印　　刷	北京瑞禾彩色印刷有限公司
开　　本	700 mm×1000 mm　1/12
印　　张	3 2/3
字　　数	30千字
版　　次	2024年1月第1版
印　　次	2025年2月第3次印刷
书　　号	ISBN 978-7-5762-4445-8
定　　价	29.80元

赣版权登字-07-2024-10

版权所有　侵权必究

图书若有印装问题，请随时联系本社印制部(0791-88513257)退换